INGRID BENITEZ

INGRID BENITEZ

ISBN 1 3: 9781 51 7486501
ISBN 1 0: 1 51 7486505:

CONTENIDO

COMENTARIO 1

Dentro de una sociedad manejada por el materialismo, los valores espirituales se han perdido en gran parte. El respeto a los mayores, la importancia de sus enseñanzas, los cimientos que permiten edificar nuestras vidas, han caído en el olvido. La sociedad se mueve en la nebulosa de la prisa y el consumismo, ciegos a los afectos.

En este libro **Ingrid Benítez**, con una sencillez y una sinceridad que maravilla, nos retrotrae a los antiguos preceptos y a los principios morales humanos. Con anécdotas claras, narraciones puras, palabras que alimentan el alma, nos lleva a comprender el verdadero sentido de la vida, a vislumbrar el camino a seguir para lograr el futuro que anhelamos; un futuro en el cuál la paz espiritual y el bienestar económico pueden hermanarse.

Paso a paso, elaborando una consciencia de colaboración con los otros, de ayuda, de comprensión, de perdón, de amor por los otros y por nosotros mismos, de valoración de aquello realmente importante con descarte de lo material y perecedero.

Ingrid nos lleva de la mano por una senda de fantástica realidad. Finaliza con una imagen única: un padre que en su corazón y en su vida representa a Dios. Una lectura imperdible que encierra mucha enseñanza desde lo más interno del ser humano.

SILVINA CASTRO OLIVERA
PLUMA LIBRE
Asesoramiento Literario, Capacitación, Corrección y Redacción de Textos
Agente de Protocolo y Ceremonial
Asistente Terapéutico en

Toxicodependencias

Técnica y Guía en Turismo

Conferencista Internacional

plumalibre@hotmail.com.ar

Página Facebook

https://www.facebook.com/pages/Pluma-Libre

COMENTARIO 2

Me es de un enorme placer poder expresar mis ideas acerca de este maravilloso libro. Y lo primero que puedo decir al respecto es que es un libro escrito con amor y que va de corazón a corazón.

Fui una de las correctoras en esta primera edición de este gran mensaje. Y para poder hacerlo bien, tuve que repetir mi tarea como tres veces. Ya que su contenido me atrapaba tanto que perdía de vista mi tarea, así que de antemano pido disculpas si aún hay pequeños errores.

Es un libro con un gran mensaje y una invitación profunda a la reflexión de que podemos cambiar nuestras vidas y llevarla al nivel que nos propongamos si estamos dispuestos. La autora con un lenguaje muy sencillo y con un corazón lleno de humildad nos exhorta a ser conscientes del gran poder que tenemos en nuestro interior. Y a través de sus historias que motivan y contagian nos lleva a darnos cuenta de cómo todo realmente es posible.

Es una invitación a despertar, a volver a soñar, a escuchar a nuestro corazón y reconectar con nuestros profundos deseos, los cuales son la brújula de nuestro destino. Sus historias y sus palabras animan y alientan a reconectar con nuestra fortaleza, a confiar en la vida y a confiar en nosotros mismos.

Un mejor futuro siempre es posible, una mejor realidad, para nuestros hijos, para nuestras familias. Todo lo que hay que hacer es sentir nuestro corazón, permitir nuestros propios mensajes, despertar nuestra voz y sabiduría del interior. Si aprendemos a escucharnos y tomamos la decisión de ser los creadores y protagonistas de nuestra gran historia todo es posible.

Este libro transformará vidas en la medida en que abramos nuestra mente y corazón a sus mensajes. Atrevámonos a descubrir que hay más allá de lo que nuestros ojos pueden ver, atrevámonos a saber más de nosotros mismos e iniciemos esa gran aventura de vivir de una manera diferente. Vamos todos hacia un mejor y nuevo futuro.

Pilar Iñiguez
Psicóloga Clínica
Coach de vida
Terapeuta de parejas
Escritora
Motivadora
Conferencista

Profesora de gramática y ortografía del español

www.solylunagente.com

Agradecimientos

En Primer lugar quiero dar las gracias a varios y miles de líderes que han contribuido para mi aprendizaje.

A mi familia:

A mi esposo, Armando Granados por ayudarme, guiarme en este camino y tenerme paciencia para que yo pudiera llegar a escribir este libro.

A mis hijos, Rubén, William, Ingrid, Queben, Vanessa que también forman parte de mi vida y de mi aprendizaje para ser madre y convertirme en líder.

A mis hermanos, Humberto, Etelvina, Rafael, Benjamín, Santos, Magdalena, Juanita y Maximina les agradezco mucho por ser los mejores hermanos.

A mis amigos, Alfredo Alvarez, Eicela Lopez, Rocío Rodriguez, Laura Saldana, Dora Palacios, Nancy Dellan, Alfredo Montoya, Charlie, Kathy, Ruth, Elizabeth Reyes, David Reyes, Maritza Carbajal, Abraham Valdez, Berenice Soto, Jesús Soto, Cristobalina, Alberto Herrera, Ana E Cervantes, Ricardo Cervantes, Rafael Villareal, Mauricio Jovel, Roselvia Jovel, Kathy McCarthy, y Edith Muñiz, Antonio Marquez, todos ellos ayudaron brindando su amistad y apoyo.

Y a mis grandes mentores, **Juan y Alicia Ruelas**, gracias por darnos ese gran impulso y guiarme con su esfuerzo en las etapas tempranas de mi desarrollo.

Juan Ruelas, usted es parte de nuestra historia. Gracias por habernos dedicado su tiempo, llamarnos y brindarnos compañía y aliento para nuestro crecimiento.

Prólogo

Mi padre: Tomas Benítez, mis hermanos y yo, compartimos hermosos momentos que jamás olvidaré. Mi padre era un hombre inteligente; aún, a sus 65 años seguía siendo el gran maestro para sus hijos y también para sus vecinos. El enseñaba con una gran paciencia, con una sonrisa halagadora y lleno de carisma.

A los niños nos decía: "Hoy es un día muy especial, quiero estar con todos ustedes porque hoy les hablaré acerca del futuro. Los niños son el futuro. En ellos están los cambios para mejorar el mundo y hoy vamos a aprender cómo armar los cimientos de una casa".

Y ahí empezábamos a buscar el lugar donde la tierra estaba más firme. Cuando los empleados comenzaban a trabajar, mi papá nos llevaba a hacer las tejas del techo; al día siguiente, nos enseñaba como hacer los ladrillos. Él solía decirnos que una casa no se hace de la noche a la mañana. Por ejemplo, la madera a usar tenía que tener un corte especial para añadirla a otras maderas ya cortadas. Y cuando estábamos cansados, nos decía que el futuro estaba lleno de muchos obstáculos, pero que; si seguíamos las instrucciones sobre cómo prepararnos, no veríamos los obstáculos como una piedra sino como una señal de avance. Nos decía que la vida está llena de oportunidades y que hay que atreverse a hacer algo diferente. Nos enseñó a compartir con los demás, a convivir con nuestros vecinos y amigos, a sembrar la tierra para cosechar.

"Preparar a una persona es igual que preparar a la tierra para el sembrado, igual que construir una casa. Todo requiere de arduo trabajo, pero al final con un bonito resultado, porque ya tienes donde estar seguro".

¡Qué afortunada fui al compartir éstas anécdotas!, aunque luego vino nuestra separación.

Durante la guerra que asoló a nuestro amado El Salvador, tuve que abandonar mi hermoso hogar, mi corazón. No podía soportar la idea de abandonar mi tierra, mi cuna, donde transcurrió mi niñez, donde nacieron mis sueños, mi lugar de juegos. ¡Fue una dura despedida!.

"Voy a regresar por ti papa", dije mirándolo a los ojos, a esa cara bonita llena de tantas arrugas y cansancio escondido en sus lágrimas.

"Eres el mejor papá. Me llevo buenos recuerdos de ti. Los conservaré en mi corazón y en mi mente para siempre. Tu hija está muy orgullosa de ti porque has cambiado tantas vidas, hasta la mía misma. Con tus consejos sabios, me ayudarás a no caer jamás en la oscuridad de la curiosidad. Te lo agradezco mucho".

A ti que estás leyendo este libro, te digo con lágrimas en mis ojos que nunca lo volví a ver. Dios tenía otro propósito para él; le llegó su tiempo de descansar, mientras que yo seguiría compartiendo sus anécdotas. Esas con las cuales había preparado a tantas personas para que fuesen diferentes; les enseñó a labrar el camino para un nuevo futuro. Vidas que se construyeron como las casas que nos enseñó a construir. Si estás pensando preparar el camino para un nuevo futuro, recuerda que primero tienes que prepararte tú. "Para tener una casa, comienza por armar los cimientos".

Capítulo 1

La visión de un mejor Futuro. "La visión es el motivador principal de la acción humana".

Para realizar tus sueños con éxito, debes poner tu enfoque en el cambio. Invierte en libros que vayan desarrollando tu mente. Enfócate en esa visión que Dios te dio. El cambio de hoy debe ser mejor que el de ayer e incluso que el de mañana. Dios sembró tus sueños en una obra divina. Tus sueños se alojan en tu corazón. No permitas que te los arrebaten.

"Que las tormentas y el viento sirvan para atraer y lograr tus propósitos."

Deja que el viento te arrastre a un nuevo futuro. De ti depende un futuro mejor.

Recuerda que prepararte o preparar a otra persona, significa que vamos a trabajar y a recurrir a la acción para construir una casa o un futuro y sembrar para cosechar. Buscaremos un terreno fértil y cuidaremos esa tierra para obtener nuestros frutos.

Allí construiremos nuestro futuro; ayudaremos a construir el futuro de un niño para que crezca en un ambiente lleno de armonía, de paz, bondad, elevando su autoestima y dándole amor. Si lo hacemos de esta manera crecerá siendo un hombre positivo y lleno de bondad. Él será el dador de enseñanzas para otros niños a los que también ayudará; así como la casa construida por mi padre, donde al sentarnos bajo ese techo nos sentíamos seguros, así como el que siembra puede sentirse seguro de que va a cosechar.

El que construye casas o edificios, construye el futuro de otras personas. Piensa en la visión para el futuro como la historia de Juana de Arco. Ella fue una gran heroína y campesina a quien Dios le revelaba mensajes y quien expulsaría a los ingleses de Francia. Los ángeles de Dios le llevaban los mensajes y a su corta edad, a los diez años, sentía compasión por los franceses. A los trece años, Juana de Arco confesó haber visto a San Miguel, a Santa Catalina y a Santa Margarita. Y declaró que sus voces le indicaban que llevara una vida devota y piadosa.

Juana de Arco soñaba a una joven doncella salvando a Francia, soñaba que los ingleses eran derrotados. Dios estaba sembrando ese sueño en ella, lo sentía en su corazón. Iba a hablar al templo con el sacerdote porque no podía comentarlo con otras personas.

El sacerdote de la iglesia se asombró porque la niña era muy joven para tener sueños tan devotos. Su sueño era que Francia no fuera dividida. Unos años más tarde se sintió llamada por Dios a una misión que no parecía al alcance de una campesina analfabeta: dirigir el ejército francés, coronar como rey al Delfín y expulsar a los ingleses del país. Juana de Arco viajó con la intención de unirse a las tropas del príncipe Carlos.

A los 15 años empezó a revelarse para cumplir sus sueños. Su visión era encontrar la libertad y tenía que partir del lugar donde había nacido, tenía que empezar a entrenar porque debía cumplir con los mensajes que Dios le había revelado. Juana de Arco emprendió su viaje con un grave dolor, porque había perdido a su mejor amigo.

Pero Dios le recordaba cuál era su visión, se despidió del padre de la iglesia a la cual visitaba y tuvo que huir de su pueblo para decirle al señor Micer Roberto que ella le iba ayudar a recuperar la corona del Rey Carlos; pero, los soldados se burlaron de que una pobre doncella pensara ayudar al rey a recuperar la corona. Ellos no creían en su visión porque Dios había sembrado un sueño en ella, no en los soldados. Ella sentía amor, compasión para con los pobres y Dios le daba la fuerza y el valor que necesitaba para que se presentara ante los jefes del ejército.

Juana iba a recuperar la corona sin duda alguna.

Lo que Juana de Arco quería era que Francia se salvara. A pesar de todos los obstáculos que pasaba, no tenía miedo. Su fe en Dios la hacía fuerte, Dios le había dado la misión de ayudar a Francia y ella continuaba con su sueño, que era ver a la gente libre de guerra y de egoísmo.

A Juana de Arco no le gustaba que derramaran sangre, arriesgaba su vida, se acercaba a los enfermos de lepra, no temía a nada. Era una elegida de Dios e igual Dios había elegido a los soldados para llevar a cabo su misión. Juana no dormía sin poner en marcha la visión. Cuando recibió un flechazo de los ingleses, ordenó a los soldados que quebraran la flecha para continuar luchando por la libertad. Y con grave dolor, continuó dando órdenes.

La gente de cualquier pueblo la seguía para unírsele y sacar a los ingleses. Cuando ella dijo que iba a ayudar a Carlos a recuperar la corona, nadie le creyó. Y en dos años logró la corona para el Rey Carlos. La coronaron y el Obispo se le acercó y le dijo: Juana, la gente te espera. Juana le contestó: no es a mí a la que esperan, la fiesta es para el Rey Carlos. Yo ya cumplí con mi misión.

Juana hizo todo por el pueblo, pero el rey Carlos ya había firmado un acuerdo con Philips de Bourgone y Philippe. En ese acuerdo le ofreció a París; pero, Juana estaba en desacuerdo con lo que Carlos había firmado y continuó entrenando. Porque el rey solo era un pavo real, solo mostraba sus plumas.

Juana de Arco siguió diciendo: "Dios puso un sueño en mi Corazón" y nuevamente emprendieron la guerra. Su misión no había terminado y el obispo no estaba en desacuerdo con ella porque sabía que estaba empapada de amor por el pueblo.

Juana de Arco pierde a su hermano y se pregunta: ¿qué he hecho?. El rey tomó la decisión de ponerla en la corte pero ella siguió hablando con Dios.

El rey sabía que Juana de Arco poseía gran poder por lo que la regresa a casa de sus padres. El Obispo se dio cuenta demasiado tarde de que el rey Carlos era el traidor. Juana, estando en su casa, empezó a oír voces otra vez y regresó a la iglesia. Le confesó a la madre de la parroquia que Carlos la había traicionado pero que ella no tenía miedo.

Como comandante del ejército pidió que la mandaran a combatir. El rey le dio el permiso y continuó con los soldados; pero, ella habló con su mejor amigo para comunicarle que pasara lo que pasara, no se detuvieran porque a ella se la iban a llevar detenida, que no hicieran nada porque todo eso tenía que pasar.

La Reina se la llevó para preguntarle cuáles eran sus sueños y Juana de Arco le contestó: mis sueños son divinos. Le explicó que a través de ella, Carlos sería digno de ser rey.

Entonces la reina le pidió que traicionara a Carlos para que Philippe fuera el nuevo rey de toda Francia.

A Juana se la llevaron a una prisión, le imputaron cargos que ella nunca cometió; pero, la visión que ella tenía era más fuerte que cualquier ejército y hasta la fecha de hoy su corazón no ha muerto, ni los sueños, ni la visión que Dios nos da.

Juana de Arco es un gran ejemplo, nos revela que los sueños debemos ponerlos en acción. Ella no enterró sus sueños, hablaba día tras día con Dios.

Así como Juana de Arco que logró sus sueños y el sueño de los franceses, debemos empezar a valorar nuestros sueños y a agradecer que Dios es quien nos los brinda.

La gente que se mantiene positiva no se fija en que la llamen loca; sino, van hacia su nuevo futuro poniendo su impulso, su sueño al frente de sus ojos y haciendo el trabajo como lo hizo Juana. Ella no dormía, entrenaba noche y día. Así lograremos nuestros sueños, usando el poder de Dios como nuestro alimento. Dios nos da la fuerza y el poder, pongámonos en acción levantándonos una hora más temprano por ejemplo y en dos o cinco años se notará nuestro esfuerzo y se apreciarán nuestros logros.

Capítulo 2

Las oportunidades están ahí, solo que a veces dejamos pasar el tiempo oportuno y aceptamos el desafío cuando es demasiado tarde.

Una mañana estaba manejando por la carretera. Como todos los días la gente se dirigía a su trabajo; yo llevaba a los niños a la escuela, mi rutina diaria.

Llegué al semáforo y la luz cambio a rojo; la señal estaba a tres carros de distancia y donde yo estaba, había un cruce de calles. La calle era de dos carriles, había una señora pidiendo vía para cruzar y solo yo estaba allí, me encontraba en el lado izquierdo y del lado derecho no había carros. Esperé que ella pasara pero la señora no pasó. No dio importancia a que yo estuviera esperando su paso y el carril del lado derecho empezó a llenarse de carros; ya no había oportunidad de cruzar la calle y los carros empezaron a correr. Continúe manejando, la señora se desesperó y cruzó la calle con la luz en rojo, no importando que los carros estuvieran pasando.

Los demás no se detuvieron y pasó lo que tenía que pasar, como cuando alguien toma la decisión de tirarse de un edificio de diez pisos, ¿qué pasa?, la ley de la gravedad. Ocurrió un grave accidente, involucrados muchos autos por la decisión que la señora tomó. El carro que venía en el lado derecho chocó con el de la señora; escuché un ruido, era detrás mío, era el carro de la señora que se había dado vuelta.

De regreso a casa todavía estaban levantando a la señora para llevarla en la ambulancia al hospital. Todos los planes que tenía la señora en ese día se paralizaron; tal vez iba para su trabajo, pero ese día no fue posible llegar; o tal vez a su casa donde su

familia la esperaba, pero ese día no le fue posible ir a donde se dirigía.

Es indudable que dentro de cada uno de nosotros se encuentra el poder para cambiar el mundo. Todo ser humano posee la semilla de la grandeza necesaria para triunfar, ser feliz y alcanzar sus metas más ambiciosas.

Este suceso me ha hecho reflexionar: la vida es muy sencilla y las personas somos muy complicadas. Dejamos pasar grandes oportunidades; Dios pone las oportunidades frente a ti y cuando la oportunidad está frente a tus ojos no le das importancia. Y tal vez era la única oportunidad que nos quedaba y la dejamos pasar, como la señora que dejó pasar su oportunidad de cruzar la calle cuando ella podía haber pasado sin ningún problema.

Cuando tomó la decisión ya era tarde. La lección de esta experiencia fue lo suficientemente fuerte porque es un ejemplo de vida; ignoramos pasar por la puerta estrecha y la vida exige aprovechar el tiempo y renunciar a comodidades, dejar amigos inconvenientes, no postergar, enfocar nuestra mente en lo importante. En otras palabras, ser persistente, tomar las oportunidades y esforzarnos más.

Capítulo 3

La Enseñanza de mi padre

Mi padre reunía a todos sus hijos y nos aconsejaba que nos preparáramos antes de cualquier evento.

Una de las enseñanzas que más me gustó fue sobre los negocios, nos enseñó muchas habilidades para vender más. Siempre enseñaba con historias y decía que las historias eran para que no cometiéramos tantos errores.

Recuerdo que yo le decía: ¿para qué tengo que aprender tantas historias, papá?. Y él respondía: que un día no estaría aquí con nosotros. Nos aconsejaba que leyéramos libros de superación personal para que fuéramos más sabios y que en los libros estaba la guía para llegar a donde están los tesoros más grandes, como los diamantes, oro, plata y las piedras más valiosas que hay en este mundo. Muchas riquezas que Dios dejó para que el hombre las descubriera.

Decía: recuerden que las casas que se construyen en la arena se destruyen fácilmente. En las casas que mi padre nos enseñaba a construir, primero se investigaba la tierra para tener buenos cimientos.

Las casas en la arena son como las personas que no se preparan. Y el hombre que se instruye leyendo libros de desarrollo personal es como la casa en la que primero se investigó la tierra, después se hicieron los cimientos y se construyó ladrillo por ladrillo. ¡Un hombre preparado vale por dos!.

En la casa que primero se analiza dónde va a ser construida, es una casa firme, puedes descansar felizmente; vendrán huracanes y lluvias severas y no te preocuparás, porque preparaste un futuro seguro para tu familia.

Es fundamental aprovechar la sabiduría que nuestros padres nos brindan; "torpe es aquel que pierde lo que le han dado sus padres". En primer lugar se nos ha dado la vida y no la cuidamos; en segundo lugar, vivimos en un paraíso pero prácticamente lo queremos destrozar todo con nuestra ignorancia.

Podríamos seguir con ejemplos dado que todos perdemos a diario muchas cosas que no son necesariamente materiales. Si reflexionamos, entenderemos que los humanos somos bastante inteligentes, que el destino nos regala la vida, pero Dios nos dio la inteligencia para poder ayudar a la humanidad. Algunas personas vienen a esta vida solo a dar lo mejor de ellas, como aquellos que se preparan y se forman. Y es muy importante que reconozcamos la labor de aquellas personas sabias que han decidido formarse y estar preparadas para un mejor futuro.

Existen varias inteligencias: intelectual, emocional, corporal, etc. Pero si nos referimos a la definición original de esta palabra, inteligencia quiere decir leer dentro, se trata no solo de una lectura interior desde el interior, sino también de una lectura profunda de las cosas, de los acontecimientos, de las situaciones; esta lectura proporciona, al que es capaz de hacerla, la ventaja de evaluar las pistas.

¿Cómo obraría un hábil cazador de inteligencia?, el hábil cazador de inteligencia lo primero que haría es prepararse para ese largo camino y empezaría con el primer paso: leer dentro. Y leer dentro significa fijarse en lo que nadie se fija, analizar lo que resulta obvio. Significa tener todo en cuenta, interesarse por todo, reparar en los pequeños detalles y no despreciarlos, pues a veces en un pequeño detalle se halla la clave para sacar provecho de una situación.

Leer dentro significa ser lo suficiente sabio como para aprender de cualquiera y lo suficiente humilde como para recibir una opinión o consejos sin recelos, sin prejuicio, con total confianza en uno mismo; y confiar en uno mismo es ir en el camino de la felicidad. Comparo la felicidad con encontrar a la pareja ideal, porque el ser humano decide cuál es la persona que lo entenderá para compartir el resto que le queda de vida y decide si quiere ir detrás de la felicidad o prefiere quedarse donde está.

¿QUÉ ES IR DETRÁS DE LA FELICIDAD?.

Existe una puerta por la que entra la felicidad, pero la llave esta en nuestra mente. Abrirla depende exclusivamente de nosotros. Hemos visto que la felicidad pertenece a un ámbito distinto del racional; en realidad lo que llamamos felicidad es algo que tiene que ver con nuestras elecciones en la vida y que pertenece en gran medida al terreno de lo inconsciente. Aunque no nos demos cuenta, escogemos nuestra felicidad como cuando elegimos a una pareja.

Decida hoy prepararse para ser feliz, para tener un camino diferente y de abundancia para su familia. Atrévase a jugar en ese equipo de los que están en busca de la felicidad; no se quede como espectador, porque el que decide ser espectador es aquel que mira a los que están jugando.

Por ejemplo, en un partido de fútbol o de básquetbol, los que están jugando se prepararon, entrenaron con antelación, no se quedaron durmiendo, se levantaron temprano aunque estuviera lloviendo, haciendo frío, haciendo calor, etc. El que está jugando está comprometido. Así que si queremos triunfar en la vida tenemos que comprometernos. El que se prepara va hacia lo que quiere lograr.

Un matrimonio nos visitó a mi esposo y a mí en nuestra casa para pedirnos asesoría matrimonial. Nos contaron su historia; el esposo era una persona que había tenido varios matrimonios pero que hoy quería un hogar estable, siempre había tenido problemas con sus parejas y hoy no encontraba la forma para que esta persona que actualmente era su pareja lo llegara a entender. Como sabía que él era quien tenía el problema, entendió que debía buscar ayuda. Nos confesó que le daba pena porque esta persona lo quería mucho y lo que él deseaba era que se pudieran estar juntos para siempre.

En este mundo podemos buscar, aprender, hacer las cosas mejor. Esta historia en buena hora tenía solución. Para cada problema hay una posibilidad y es estar dispuesto a ser humilde para hacer cambios, disciplinarse y aceptar sugerencias o recomendaciones. Él estaba dispuesto hacer aquellas recomendaciones.

Le expliqué que desde hoy empezara a ser el mejor amigo de sí mismo, y el mejor esposo. A lo que él respondió: pero cómo me voy a preparar.

Empezarás leyendo libros que te van a ir guiando para que hagas tus cambios, respondí. Y le di como ejemplo a la persona que entrena o estudia para una carrera y no pierde el enfoque, lo pone en práctica y llega a ser el mejor; si es para ser un doctor, cirujano o abogado, se convierte en el mejor de su profesión.

Y si es para ser el mejor atleta y correr las 10 millas, será el mejor porque se preparó. "Primero tienes que leer los libros que te van a ir guiando y después ponerlo en práctica", esa fue mi recomendación.

Le pregunté: ¿Qué pasaría si el doctor no hubiese estudiado para ser médico cirujano y lo ponen a operar a un paciente?. Él respondió: haría un desastre. Si efectivamente, le dije.

Igualmente sucede cuando no nos capacitamos para tener un matrimonio exitoso, no le damos el mejor trato a nuestra pareja y creemos que esa persona no es nuestra pareja ideal. En cambio, si nos preparamos para ser la mejor pareja, nuestra pareja pensará que somos la pareja ideal.

Lo más importante es atrever a prepararse, a aprender, a entusiasmarse por cualquier cosa. El entusiasmo viene del griego y significa inspirado por los dioses, el entusiasmo es el abono de cualquier sueño. Si recordamos la historia de Juana de Arco, veremos que se entusiasmaba porque ella y sus soldados llegarían a tener una Francia libre y unida, sin guerras.

Capítulo 4

ATRÉVETE A SOÑAR LO QUE DESEAS EN TU VIDA

"Atrévete", fue escrito por William D. Ford.

Me encantó porque es una palabra que significa atreverte a no tener miedo. Atrévete a creer en ti. Atrévete a soñar. Atrévete a perder todo lo malo que te ha pasado, atrévete a buscar eso que te motive, ese por qué de tu vida.

¡Atrévete a perseguir tu sueño!. Cuando alguien cambia, también cambia su entorno y cuando tratamos de ser mejores todo alrededor se vuelve mejor. Eres libre para tomar decisiones por eso: atrévete a convertir las cosas simples en extraordinarias.

La palabra atrévete, me llevó a recordar a una ardilla que mis padres habían comprado como mascota y permanecía encerrada en una jaula. La Ardilla era muy activa, todo el día pasaba de un lugar al otro de esquina a esquina.

Un día, mis padres fueron juntos a la iglesia; yo regresé de la escuela y noté que mis padres no estaban. Fui derecho a la jaula de la ardilla que se llamaba Atrevida y le hablé: hola Atrevida, ¿quieres algo de comer?, le pregunté. Luego, le di su comida y abrí la jaula. Cuando la puerta estaba abierta para que se fuera, ella era libre. Pero en ese momento me di cuenta que Atrevida no tenía nada de atrevida; empezó a mirar alrededor, todo para ella era un mundo diferente aunque fuera su oportunidad de ser libre.

La ardilla comenzó a temblar del miedo a la libertad, esto para mí fue una gran experiencia. Aprender y ver que la ardilla no se atrevió y que le corría el miedo por todo el cuerpo me enseñó mucho. Empezó a emitir un silbido, corrió donde yo estaba sentada mirándola y me mordió en la mano; me dio tres mordidas y mi mano empezó a sangrar. Entonces le dije: ¡solo quería que veas la libertad!. Pero, Atrevida por el miedo de mirar hacia alrededor no lo pudo hacer, el miedo fue más fuerte.

Fui a buscar algo para cubrir las heridas; pero, cuando regresé el miedo se había apoderado totalmente de la ardilla. Le pregunté: ¿quieres regresar a la jaula?, y la regresé a su cárcel.

Para la ardilla fue difícil tomar la decisión de ser libre, no se atrevió a mirar lo maravillosa que era la libertad. La aterrorizó el cambio, ya se había acostumbrado a esa vida, a no tener retos. Y de lo acostumbrada que estaba, se sentía cómoda en su prisión; era imposible hacer cambios. Atrevida, que no tenía nada de atrevida, había perdido la batalla, se había dado por vencida.

La hermosa ardilla murió de miedo. Nunca pensé que por ver esa puerta abierta a su libertad, ella iba a morir.

¡Atrévete a ir por tu sueño!. ¡Atrévete a tener decisiones firmes, tomar decisiones con coraje!. Cuando tomamos esas decisiones, todo queda claro.

Aprender algo significa entrar en un mundo desconocido. Prepárate para que las cosas simples las conviertas en extraordinarias, no temas a los retos donde insistas una y otra vez. Atrévete a tener fe, recuerda que tener fe es ganar una batalla donde nunca te das por vencido. Y si fuera necesario, empieza una y otra vez. El secreto, es ser humilde; no permitas que el miedo se apodere de ti, vence ese temor para que no sea tu dueño, ni te paralice y para que puedas mirar hacia la libertad. No te acostumbres a morir en esa jaula donde a nuestros seres queridos alguien o algo los condenó a vivir.

¡Atrévete a abrir esa puerta, a mirar hacia la libertad!. Anímate a pedir consejos para vencer ese miedo y aprecia a las personas que quieren esa libertad para ti. Agradece a quien te dice que te prepares para que puedas abrir esa puerta.

Atrévete a agradecer a esas personas que te hablan de ese mundo que ellos ya conocen, ese mundo que es para aquellos que tienen el coraje de soñar. Esas personas eligen el riesgo de vivir su sueño.

Atrévete a desvelarte por ese sueño, a ir por lo que te pertenece; lo que te pertenece ya está allí, solo es necesario que vayas a buscarlo.
¡No te quedes mirando como la ardilla que murió de miedo!

El ejemplo de Atrevida me hizo pensar que nosotros; los humanos, nos vamos acomodando poco a poco y no nos damos cuenta que nos estamos condicionando a quedarnos como esa ardilla, de esquina a esquina, y cuando alguien te habla de libertad nos da miedo.

Pensar que existe más allá de nuestros ojos otro mundo que aún no nos atrevemos a mirar produce que nos enojemos con esa persona que nos habla de la libertad; no nos damos cuenta que esas personas lo único que quieren es que abramos nuestros ojos para que podamos ver más allá de esa puerta.

¡Anímate a ver las soluciones, a hacer los cambios dentro de ti mismo!. Cambiar nos ayudará a mejorar nuestra vida. Si sigues haciendo lo mismo que has estado haciendo desde hace cinco años, vas a tener los mismos resultados en los próximos cinco años. En cambio, si cambias ahora, los próximos años mostrarán tus nuevos resultados.

Atrévete, tú que eres mujer a hacer ese cambio para que tus hijos estén orgullosos de ti. No condenes a tus hijos a una vida de violencia, logra ser esa madre que tus hijos quieren ver; la que da todo por ellos, la que deja de comer para alimentarlos.

Recordemos ese mundo con el que soñábamos cuando éramos niños, logra hacer realidad ese sueño de la niñez. Hoy ya somos grandes y debes pensar cómo eres en grande. Hay un dicho que reza: "como es el niño es el juguete".

Pues hoy somos grandes, adultos y nuestro sueño tiene que ser en grande también. Debemos empezar hoy, porque el tiempo es limitado para cada uno de nosotros los humanos. Y es tiempo de ir descubriendo nuevos sabores y nuevas formas para lograr los sueños.

Atrévete a disfrutar de esas cosas maravillosas que Dios dejó para todo ser viviente, despierta y a mira todo lo que Dios quiere para todos nosotros. Da esperanza al que no tiene esperanza o a tus hijos, cumple con tus sueños. Demuéstrales que tú eres ese padre que da todo por ellos al igual que Dios dio todo por nosotros para que estuviéramos orgullosos de él.

Dios no tuvo miedo de dar su vida por nosotros sus hijos; por eso, tú que eres un ser humano demuestra tu valentía por tus seres queridos, brinda amor, empezando por ti. Ámate y ama a todo ser humano que quiera estar contigo, aprende a dar confianza para que aquel que te ama, te amé de verdad.

¡Atrévete a trascender, no tengas miedo!, los que lograron una victoria se atrevieron a vencer el miedo.

Uno de los hombres que nos dejó un gran ejemplo fue Thomas Edison, él usó su pensamiento creativo; y ese pensamiento hasta el día de hoy nos está beneficiando. Billones y billones de personas se están salvando por el sueño que un día decidió hacer realidad; él preparó un futuro y ese futuro gracias a sus pensamientos fue de mucha ayuda para nuestra sociedad: producir la luz, la electricidad, para que todos nosotros estuviéramos mejor. Él hoy en día es un gran referente para nosotros y se convirtió en un gran héroe gracias a su magnífico aporte.

Juana de Arco puso su pensamiento en una visión para que Francia fuera libre y que hubiera paz. Claro, todos no somos Juana de Arco o Thomas Edison, pero todos podemos pensar y hacer realidad nuestros pensamientos y nuestros sueños.

Cambiar nuestra casa o nuestro trabajo, no esperar esa jubilación que es demasiado poco para cualquier ser humano. Pensemos que nos merecemos más que esa pequeña cantidad que el gobierno está guardando de nuestro propio cheque. ¡Paguemos el precio de la libertad!, y el precio que se paga es perder ese miedo a enfrentarnos a ciertos cambios; los cambios duelen pero, después que el dolor pasa, viene la libertad y la felicidad.

Atrévete a tener esperanza, porque tener esperanza significa que no hemos terminado todavía. Mantén la esperanza de llegar a esa libertad, a tener bien abiertos esos ojos que Dios nos dio para poder mirar más allá.

Después de ese túnel lleno de obstáculos; abre cualquier camino que esté cerrado, ábrelo para que tu familia pueda caminar por ese camino. Y la historia de ese camino será que nosotros lo abrimos y nunca nos olvidarán; siempre van a recordar que fuimos nosotros quienes nos atrevimos a abrir ese camino, guiando a nuestra familia a modificar su vida.

Atreverse a dejar un camino diferente para nuestras familia, es heredarles una libertad, es un orgullo. Porque dejar una jaula para nuestros seres queridos es dejar heredado el miedo y es tiempo de atrevernos a abrir esa jaula, porque nuestros hijos se merecen ser libres.

Dejemos el pasado; dejar el pasado es dejar la pobreza, es atrevernos a mirar a ese futuro, es rechazar lo que nos ataba, solucionar esos obstáculos que se te interponen en el camino. La solución está en ti, en tu esfuerzo diario por ser feliz; las cosas buenas llegan si tú lo permites. Debes hacer que las cosas sucedan para ser próspero, vencer a tu propio enemigo y tu propio enemigo puede ser la pereza, el miedo, tomar decisiones muy tarde, mentir, engañarte. No tenemos tiempo para todos esos obstáculos.

El tiempo es limitado y no tenemos toda la vida para atrasarnos. Decide cambiar tu vida, reemplazar esas ideas negativas por ideas positivas, ideas que te van a llevar a esa libertad; para obtenerla tenemos que aprender cosas nuevas constantemente y convencer a la mente que tenemos que cambiar, porque es a la única a la que le tienes que poner cosas positivas para que logres ese cambio. Por ejemplo: la ardilla tenía mucho miedo al ver que la jaula estaba abierta, ella estaba muy cómoda y no podía pensar en que tenía que hacer esos cambios; prefirió morir de miedo solo por el hecho de pensar cómo iba a hacer después que saliera de esa jaula e ir por ese camino, quién le iba a dar su comida. Prefirió no buscar la libertad.

Ya hemos permanecido mucho tiempo en esa jaula y no nos ha dado resultado. El resultado ha sido mantener nuestra comodidad. Y es tiempo de pensar que existe una libertad llena de abundancia. Darte cuenta que cambiar tu manera de pensar es escapar de la jaula que has construido para ti; no te sigas limitando, date cuenta que la decisión de abrir la puerta de la jaula está en ti.

Atrévete a alzar el vuelo, porque nuestras alas están ahí, solo es necesario empezar a alzarlas hacia ese inmenso espacio; escuchar el sonido del aire es como una sinfonía que nos empuja y busca observar cada detalle, porque vamos hacia esa libertad. Hay un dicho "Caminante no hay camino, se hace camino al andar" y es hora de empezar hacer nuestro camino y la decisión está en nuestra mente.

Capítulo 5

NUESTROS HIJOS ESTÁN SEDIENTOS DE AMOR.

La historia de un padre, que hoy somos más y más y los estamos duplicando por falta de dinero.

El dinero es el separador del matrimonio, el que separa a los hijos de sus padres; no es porque no tienen amor sino porque no pueden pagar sus gastos.

Nos distanciamos de quienes más nos aman. Nuestros hijos están sedientos de amor, cuando ellos desean estar con sus padres dándoles abrazos y besos; de compartir su desarrollo, sus travesuras y sus descubrimientos. Nuestros hijos no quieren que nosotros los padres, los dejemos solos,

solos por un simple trabajo tradicional, por unas cuantas monedas.

Cuando una persona, como padre, se da cuenta que su hijo ya creció, ya no es el niño que deseaba tener tiempo con sus padres. El hijo ya es un hombre, los padres envejecieron y dicen: ¡Cuánto he perdido el amor de mis seres queridos!. Eso pasa cuando no te atreves a hacer otra cosa que te pueda sacar del trabajo que no te satisface. Si queremos podemos cambiar esa mentalidad.

Te cuento esto porque yo me di cuenta que mis hijos estaban creciendo y no los había disfrutado y que Dios me había dado tantos regalos y tampoco los había disfrutado. Y esta historia me hizo recordar que no tenía tiempo libre para mis hijos.

Mis lindos y preciosos regalos de Dios estaban creciendo solos, estaban hambrientos de amor por estar con su madre y te digo que hoy puedo compartirte lo hermoso que es estar con mis dulces hijos. Estoy compartiendo momentos hermosos, llenos de alegría que no puedo explicar. Estoy llena de amor, me siento al cien por ciento.

En una ocasión una niña esperaba muy alegre a su papá y le dijo con una voz tímida y ojitos de admiración: Papá, papá, te he esperado todo el día. Papi ¿Cuánto ganas por hora?. La niña sabía que su padre venía de su trabajo. El padre dirigió un gesto severo a la niña; "mira hija, esos informes ni tu madre los conoce, no me molestes, estoy cansado". Pero papá, insistía la pequeña. Dime, por favor, cuánto ganas por hora.

La reacción fue menos severa; el padre solo contestó: "Cincuenta dólares". Papá: ¿me podrías prestar $20.00 dólares?, preguntó la pequeña. El padre, muy enojado, tratándola con brusquedad le contestó: ¡Ah!, ¿así que esa es la razón de saber cuánto gano por hora?. Vete a dormir y no molestes, estoy cansado, trabajo todos los días y ustedes son mal agradecidos.

Vete a dormir, niña aprovechada. Cayó la noche, el padre meditó sobre lo sucedido y se sintió culpable, tal vez la niña necesitaba algo, ¡en fin!. Como quería descargar su conciencia dolida, se asomó al cuarto, tocó la puerta y con voz baja preguntó: ¿estás dormida, hija? y la niña sollozando le dijo: no, todavía no papá, dime papá.

El padre le dijo: aquí tienes el dinero que me pediste, hija. Y la niña respondió: gracias papá. Entonces la pequeña metió su mano en su bolsa, sacó unos billetes y le dijo: ahora ya completé papá, tengo cincuenta dólares. ¿Me podrías vender una hora de tu tiempo para mi sola?.

Tiempo es lo que necesitan nuestros seres queridos; puede ser un amigo, tus hijos, tus padres, tus hermanos, en fin.

Hoy quiero que me disculpen todos ustedes que me han tenido aprecio y se han preocupado por mí y aquellos que me buscaron y no me encontraron en mi casa, tocaron la puerta y no les abrí y era cuando más me necesitaban.

Nunca he tenido tiempo para ti, yo sé que eras muy especial pero el tiempo se lo he dedicado a aquellos que me daban más dinero y a los que me invitaban a las fiestas. Realmente olvidé a aquellos que me hicieron un favor. Nunca los recordé y hoy recuerdo que tú nunca olvidaste ayudarme cuando yo más te necesité; cuando te pedí ese favor, tú corriste en mi ayuda.

Discúlpame, hoy me atrevo y tengo el valor de decirte: discúlpame. Recuerdo que me buscaste para una oportunidad pero en ese tiempo me sentía llena de vida, me sentía muy joven y próspera, tan llena de oportunidades que no tenía tiempo, ni una hora, para ti; pero en cambio, tu si tenías todo tu tiempo para mí. Recuerdo que mis pensamientos eran que contigo perdía mi tiempo, no tenía ninguna oportunidad, tu plática me quitaba tiempo,

Sentía que solo iba a perder tiempo, creía que lo tuyo era incorrecto y me buscaste más de una vez; me buscaste porque querías que te escuchara y esperabas la compañía y el consejo de un verdadero amigo.

Pero mi tiempo era de dinero y tú lo único que querías era pasar un momento agradable con mi presencia. Hoy que no tengo a mis padres comprendo mucho lo que es el verdadero valor de cada persona en mi vida y estoy más madura y me doy cuenta lo importante que es tener a mis padres, a mis hijos, hermanos y a un amigo.

Ahora sé que a todos ustedes Dios los puso en mi camino para que mi mente y mi corazón cambiaran; hoy me doy cuenta, reconozco y lo confieso, que hay amigos que te buscan solo cuando tienes dinero y uno piensa que ellos son los que estarán por siempre; y la realidad es que los verdaderos amigos son los que se preocupan por ti. Hoy he comprendido que lo único barato se compra con dinero, que la familia y un amigo de verdad no tienen precio.

Recuerdo que mis padres me esperaban para platicar y darme consejos, tan lindos padres que hasta dieron la vida por mí. Aquel hombre que puso todo su esfuerzo para moldear y hacer un ser diferente de mí. Y aquella mujer que me aconsejaba con su ternura y paciencia, que cuidó de mí, que siempre me dio su comprensión y su perdón.

Ellos estaban viejitos, pero nunca se quejaron para que yo no me preocupara por ellos. Pero para mí sus consejos nunca se acabarían y sus anécdotas eran muy aburridas y pensaba que vivirían toda la vida. Creía que vivían en un pasado y necesitaban despertar.

Cuando vine a los Estados Unidos, ellos esperaban ansiosamente noticias mías y qué alegría sentían cuando iban a preguntar por su hija. Hoy, que soy madre, comprendo que el amor es paz, capacidad de perdón. ¡Cuánto me toleraban!, les pude haber dado mucho más pero no tuve tiempo para estar cerca de ellos, de mi hermana; ella y yo guardábamos muchas anécdotas y teníamos diferencias pese a que fuimos nacidas del mismo vientre y las mismas lágrimas y manos suaves curaron nuestras heridas. Sé que mi hermana me necesitaba, pero nunca la busqué como amiga; pudimos haber sido mejores compañeras,

No tuve el tiempo para mi pareja, cuya ofrenda fue su adolescencia e inocencia, fue su juventud y su ilusión de estar juntos, hacer crecer nuestra familia. La felicidad que él buscaba cuando se unió a mí no fue como él esperaba. Él era muy joven y no sabía cómo llevar una familia. ¡Cuánta soledad sufrió!, yo creía que él no me comprendía en mi lucha por traer el pan de cada día; ahora sé que su silencio fue por el gran amor que me tenía, que era parte de mi aventura diaria de vivir, pero lo olvidé en el camino, no tuve el tiempo para darle lo que él se merecía de mis hijos y de mi hogar. Me encerré en mi mundo y bienestar, no comprendí el esfuerzo que hicieron por mí. Hoy comprendo que debo asumir el compromiso de mejorar.

Después de todo lo que he andado y han hecho por mí, me pregunto: ¿qué he hecho por mis padres, por mi hermana, por mis amigos?. No he tenido tiempo para amar a mis hijos, siempre tan ocupada con mi trabajo, la televisión, muchas ocupaciones que los pequeños no comprenden. Les debo caricias, consuelo. ¿Cómo enseñarles el amor si yo no les daba amor?. ¿Cómo ellos lo sentirían en sus corazones?. Hay un dicho "Santo que no es visto no es adorado".

Ellos no podían sentirlo si yo no les demostré que mi corazón latía más rápido cuando ellos estaban conmigo, si mi corazón me lo llevaba al trabajo y no lo podía dejar en casa para que los pequeños sintieran que mi corazón latía de alegría cuando estaba con ellos.

Hubiese querido ser la maestra, la líder, para que ellos sientan carisma, dulzura y el querer estar compartiendo con los demás; que den espacio, una sonrisa para que puedan sonreír a la vida. No dediqué el tiempo suficiente para verlos crecer, pues me justificaba con el trabajo. Llegaba a mi casa, los pequeños se acercaban y les decía: déjenme dormir, estoy cansada. Tenía tres trabajos, tanto que olvidé que ellos necesitaban de mi para una vida superior.

Recuerdo que sus caritas sonrientes anhelaban una caricia suplicando un beso de ternura y no tuvieron más que regaños y órdenes severas. ¡Qué equivocada estaba!

Ahora que tengo tiempo, les pido disculpas a mis amigos, a mis hermanos, a mis padres que ya no están en este mundo, a mis hijos, a mi pareja que fue parte de un sueño y a Dios le pido un poco más de su tiempo para mi vejez. Le pido que me haga comprender que el tiempo es el suficiente para cumplir con todos los planes que tiene para mí.

El tiempo no pide permiso y pasa, pasa y no perdona. No se detiene a recordar que los errores que cometimos los hicimos y ya pasaron; solo queda reconocer nuestros errores y comprender que lo más valioso no es lo que tienes en la vida sino a quién tienes en la vida, esos seres que te quieren, que tanto te aman, que dejan de pensar en ellos mismos para cuidar de ti.

Dios, sé que no es demasiado tarde para amarlos, este es el primer día de mi vida en el que he comprendido. Déjame estrenar mi nueva vida, Señor. Y pasaré el resto de mis días amándote y amando a esos seres que me aman.

Nunca olvidemos dedicar más tiempo a nuestra familia, la pareja, hijos, padres, hermanos y a un gran amigo que ha hecho mucho por ti.

Dios, cuida a esas personas que saben amar; te pido que no me olviden. Yo viviré amando a esos seres que me aman.

Capítulo 6

PODER VER A TRAVÉS DE UN AMIGO.
Poder dar lo mejor a una persona que lo está necesitando.

Esta historia nos demuestra que hay personas que son grandes talentos pero que necesitan de alguien que los puedan ayudar y guiar para hacer un gran cambio en este mundo.

Para ser una persona que ayuda a otros, no tienes que ser un gran millonario, pero si se requiere de un valor profundo en el corazón, porque no siempre estamos dispuestos a prestar ayuda a cambio de nada.

Siempre esperamos que aquel al que ayudamos devuelva el favor y si vemos que alguien pide ayuda pero no podrá pagarnos, nos alejamos de él. Pero ¿Qué sentimos cuando no auxiliamos y realmente podíamos hacerlo? ¿No nos remorderá la conciencia, la culpabilidad? ¿O será que ayudamos para sentirnos mejor o sentir algún placer?

No hay ninguna obligación, ni ninguna responsabilidad. Se ha descubierto que dar y ayudar a otros solo se manifiesta como el deseo profundo de ayudar a otros.

En la humanidad, todos necesitamos la ayuda de otros, incluyendo a un millonario que también necesita ayuda pero no necesariamente económica, sino de sabios consejos, de ayuda moral y, a veces, de las personas más humildes.

Dar, ayudar a otros y poderlos guiar para llevarlos hacia el camino correcto, es darle gracias a Dios por darnos la vida y la gran oportunidad de compartir con otros.

La señorita Helen Keller con su amiga Anne Sullivan, significan un gran ejemplo para la humanidad.

Helen, a través de su mejor amiga, pudo concretar su visión. Una vez dijo: "Caminar con un amigo en la oscuridad, es mejor que caminar
solo bajo la luz".

Keller fue una actriz activista y oradora estadounidense, sorda y ciega. Nació en 1880 en Alabama, Estados Unidos. No nació ciega ni sorda sino como una niña común, sus incapacidades fueron causadas por una fiebre y congestión aguda del estómago cuando tenía 19 meses de edad. La pérdida de la capacidad para comunicarse, en tan temprana fase de su desarrollo, fue muy traumática para ella y su familia y, debido a esto, estuvo incontrolable por un tiempo; aventaba los platos, lámparas y aterrorizaba la casa entera con rabietas, gritos y mal genio.

Muchos la miraban como a un monstruo, pero su familia y ella misma no se resignaron a ese destino y lo fueron superando a fuerza de voluntad y constancia y gracias también a tutores y amigos que la ayudaron; entre ellos, Anne Sullivan

Anne fue la profesora personal y amiga de toda la vida de Helen Keller.

Anne le ayudó primero a controlar su mal genio y después le enseñó inteligentemente a hablar usando el método Tadoma: tocando los labios de otros mientras hablan, sintiendo las vibraciones y deletreando los caracteres alfabéticos en la palma de la mano de Helen. También aprendió a leer, con alfabeto manual táctil y aprendió a leer francés, alemán, griego, y latín en braille hasta a escribir de forma normal.

Helen fue a la escuela para señoritas de Cambridge desde 1896 y en el otoño de 1900 entró a la universidad de Radcliffe, graduándose con honores, siendo la primera persona sorda y ciega en obtener un título universitario. Ese mismo año, en la exposición de San Luis, habló por primera vez en público de su vida, incluso escribió libros sobre sus experiencias. También se dedicó a realizar campañas para mejorar la calidad de vida y las condiciones de las personas ciegas, quienes eran rechazadas erróneamente, educadas en asilos.

En 1964, Helen y Anne fueron galardonadas con la Medalla Presidencial de la Amistad, el más alto premio para personas civiles otorgado por el presidente Lyndon Johnson.

Cuando somos leales, logramos llevar la amistad a cualquier otra relación, a su etapa más profunda. Como en el caso de Helen Keller y su amiga Anne Sullivan, todos podemos tener una amistad profunda o una amistad superficial por trabajar en un sitio simplemente porque nos pagan.

La lealtad implica un compromiso que va más hondo, es el estar con un amigo en las buenas y en las malas, es trabajar y dar la excelencia, no porque nos pagan un sueldo sino porque tenemos un compromiso con nuestro prójimo y en especial con nuestra familia.

Debemos llegar a ver a todos los demás como verdaderos hijos de Dios, como parte de la mente infinita. Esto no es un mero sentimiento sino la clara enunciación de una ley fundamental.

Debemos ver el bien y no permitir que nada malo entre en nuestra mente. Sentir amor hacia todas las personas y las personas responderán con un "¡Gracias!" si crees que Dios es amor y es la fuente de todo amor; quien lo cree es aquel que ve el sol brillar y el sol brilla para todos. Debemos de amar todo cuanto nos rodea y considerar que todo es bueno para la preparación de un nuevo futuro. Solo debemos vigilar nuestros pensamientos y visualizar.

Algunas personas visualizan todo lo que piensan y muchos consideran imposible lograr una manifestación sin poseer el poder de visualizar. Esto no es así, porque estamos tratando con un poder que, igual que la tierra fértil, produce la planta cuando sembramos: no importa que nunca antes hayamos visto una planta como la que se ha de crear para nosotros, nuestro pensamiento es la semilla y la mente es la tierra.

Estamos sembrando y cosechando siempre, todo cuanto tenemos que hacer es sembrar solamente aquello que deseamos y podremos cosecharlo. Esto no es difícil de entender, estoy segura y convencida que encontrarás mayores y mejores pensamientos y abrirás tu mente a un mundo donde no hay límites para los logros que puedas obtener.

Anne Sullivan pudo ayudar a Helen a pensar inteligentemente usando las herramientas Tadoma y Helen se convirtió, con una tremenda fuerza de voluntad, en una oradora y actriz mundialmente famosa. El ejemplo de Anne en esta historia, nos indica que no debemos dejar que se instale en nuestra mente el "no puedo", porque si podemos pensar podemos visualizar. Anne visualizó una buena relación con Helen y fueron grandes los logros que obtuvo.

No podemos pensar en la pobreza y al mismo tiempo cosechar abundancia; si piensas en la abundancia pues empieza a sembrar abundancia para que coseches en abundancia. Si alguien desea visualizar, que así lo haga, y si se sabe en plena posesión de lo que desea y sabe que lo está recibiendo, lograra su manifestación. Si no visualiza, entonces que diga simplemente lo que desea y crea por entero que ya lo tiene; el resultado será siempre el mismo.

Recuerda que estas tratando con una ley y que es la única manera de hacer que llegue a existir. No lo discutas, esto significa que aún no estás convencido de la verdad; porque si no discutes, te convencerás y descansarás tranquilo sabiendo cómo comenzar un nuevo futuro y un camino diferente.

Podemos pensar en nuestro mundo y darle ser a todas las cosas, de alguna manera, con este poder que nunca nos fallará para extraer realizaciones de alguna idea inicial; una vez comprendido esto esperaremos, tal vez al principio no se nos ocurra nada pero seamos pacientes, no dudes nunca. Si esperamos con fe, la idea vendrá.

Nuestra mente comienza a visualizar ¿Qué piensa un vendedor cuando sale de su casa? Sale pensando que ese día venderá más que los días anteriores, que este nuevo día será el día más grande en ventas, que hoy será el día inolvidable; el vendedor no piensa en el día que ya pasó, él piensa en el presente, lo que viene. Ellos visualizan y el deseo se procesa. Esto significa que cuanto pensemos se nos dará, todo aquello que visualicemos. Sin embargo, no podemos visualizar hoy de una manera y al día siguiente de otra y esperar resultados positivos, debemos ser muy claros en nuestros pensamientos enviando solo los pensamientos que deseamos ver manifestados.

No tenemos por qué abandonar el mundo a fin de controlar nuestros sueños, pero sí debemos aprender a vivir en el mundo y seguir visualizando tal y como deseamos pensar, independientemente de lo que sueñan los demás para la mente creativa. Si practicas esto lograrás milagros en el camino, porque has practicado a llevarlo a hacerse afirmativo, lo que ya está hecho.

Trata de sentir que lo que está afirmado, es la verdad. Llénate de una gran alegría al saber que tienes el don de usar este poder enorme y único, mantener tu pensamiento positivo y claro. Nunca te preocupes del rumbo por el que, aparentemente, marchen las condiciones externas, ya que es en la mente donde todo se hace, donde la creación se lleva a cabo y donde ahora mismo está para nosotros. Es preciso creerlo como nunca se ha creído antes.

Es preciso saber que es una gran realidad, Es preciso sentirlo como una presencia única, no existe otra manera de obtener lo que has deseado Aunque todo el universo puede tener deseo de dar, nosotros somos a quienes nos toca tomar la decisión y lo hacemos mentalmente, con nuestros pensamientos.

Jamás podremos permanecer quietos, avanzamos o retrocedemos.

El hombre que llega a un punto determinado y nunca parece ser capaz de trascenderlo, cuando permite a los pensamientos alcanzar una decisión más amplia, sus condiciones se elevan.

Mantente en tu visión, en la misma dirección, comprende más y mejora. Descubre que en las cosas externas eres capaz de alcanzar mayores resultados. Aunque algunas personas puedan reírse de esto, no importa, quien ríe de último ríe mejor. Sabremos preparar el camino para un nuevo futuro. El creer en Dios, que recompensa con el cielo, es ser bondadoso, caritativo con los demás.

En la historia de Helen y Anne Sullivan, las ideas eran tan firmes como el sorprendente cambio que Helen hizo con la ayuda de Anne. La fe de Anne era ver a Helen como una niña normal, sin embargo el mensaje más valioso lo encontrarás en este libro: desarrollarás la mente y descubrirás que puedes cambiar tu vida tanto como la vida de otros.

Capítulo 7

LA FE TE LLEVA A LOGRAR TUS SUEÑOS

Para lograr nuestros sueños es necesario tener fe; tener fe es importante porque la fe se caracteriza por sentir dentro de uno mismo a Dios.

La virtud de la fe es una virtud sobrenatural que capacita al hombre para sentir firmemente a todo lo que Dios ha revelado.

Dios nos enseña a tener fe para que sintamos la seguridad de que alguien nos sostiene cuando las cosas se ponen difíciles.

En una ocasión compartimos una charla con uno de nuestros mentores y el preguntó: ¿a dónde quieren llegar?, todos respondimos: a cumplir nuestros sueños. Y preguntó: ¿qué tan grande son sus sueños?. Y la verdad es que por grande que sea lo que anhelas, lo que tienes que tener es fe. Y no dudes que lo lograrás.

Y desde ese día empecé a no dudar de lo que yo ya había visualizado Dios nos enseñó que todo lo que deseamos lo teníamos que hacer con una seguridad sobre todo a no dudar.

Hoy cuando me llaman o me mandan un mensaje y me dicen, "Ingrid, estoy triste", lo primero que le pregunto es por qué y me explican el problema. Les digo que Dios nos dejó una gran enseñanza: que tuviéramos fe y no dudáramos de lo que queremos.

Un día, el 6 de marzo del 2013, recibí un mensaje que decía: soy María y necesito hablar con usted. Es muy importante. Regresé la llamada y le dije: hola, buenos días María. ¿Qué haces?. Ella respondió: aquí, más o menos. ¿Por qué más o menos?, le dije. Y me contestó: porque mi mamá está en el hospital; la están operando, estoy muy triste. Y con su voz entrecortada y sollozando dijo:

no sé qué hacer Ingrid, pídale a Dios que ella salga bien de esa operación.

Le conteste: si, lo haré. No te preocupes que tu mamá estará bien, todo va a salir bien. Y María me dijo: pues no sé, si mi mamá me llega a faltar no sé qué voy a hacer. Le respondí con seguridad: no te preocupes que después que hablemos te sentirás mejor.

María, si Dios quiere que ella siga contigo, tu mamá saldrá bien de esta operación y si Dios quiere llevársela, tú tienes que dar gracias a Dios por haber pasado 16 años con ella y dar gracias por haberte encaminado estos 16 años, por haberte enseñado a dar los primeros pasos, por enseñarte a comer, a hablar y por guiarte en este camino. María me dijo sollozando: sí, tengo que ser fuerte. Entonces le dije: te contaré una pequeña historia, María.

Una señora perdió a su hijo de 28 años de edad en un accidente de motocicleta y la señora visitó al doctor. Doctor, vengo de enterrar a mi hijo y les pedí a mis otros hijos que se paren en la iglesia porque quería darle las gracias a Dios. Ellos respondieron: ¡mamá!, ¿quieres darle gracias a Dios por el accidente?. La señora les contestó: no, hoy quiero darle gracias a Dios porque él me prestó a Raúl 28 años, Dios nos permitió disfrutar de él y creo que Dios lo menos que se merece es nuestro agradecimiento. María, sollozando, dijo: ¡Qué linda historia!.

Si María, solo Dios es el que permite que disfrutemos de nuestros seres queridos, esos seres que más amamos. No debemos perder tiempo en lamentarnos. Es mejor darle las gracias a Dios cada día, por haber permitido que conociéramos a esas personas, por haberlos puesto en nuestro camino.

Sentí a María con más fuerza. ¡Qué bonito el haber hablado con usted!. Son grandes cosas que volví a vivir y me ha devuelto la fe que puedo seguir viviendo esos hermosos momentos que pasé con mi mamá. Disculpe pero quiero seguir escuchándola.

Pues te cuento algo que me pasó cuando era niña: a veces me ponía triste que mi mamá olvidaba que yo era su hija. Una vez estaba esperando a mis compañeras para ir a la escuela y llegó una niña que siempre pasaba por mi casa y me preguntó: ¿por qué estas triste, Ingrid?.

Y con palabras entrecortadas le contesté: es que mi mamá cuando me acerco a darle un beso siempre me dice, ¡Hazte para allá!. Y yo solo quiero abrazarla, darle un beso. Y mi amiga me respondió: ¿sabes Ingrid?, no te pongas triste. ¡Cuánto daría yo por tener a mi mamá, aunque me despreciara cuando me acerque a ella!.

Me contó que cuando ella nació, su mamá había muerto. Debes dar gracias a Dios, Ingrid, porque ella te ha guiado en el camino, te enseñó a comer, a dar los primeros pasos y yo no he tenido a nadie que me dé ese calor de madre; solo he crecido con mi padre y no es igual. ¡Cómo quisiera que mi mamá viviera para llenarla de rosas y que las pueda mirar con sus ojos! Eso para mí sería suficiente, Ingrid.

Fui hacia la escuela pensando que no todos podemos tener la dicha de gozar a nuestra madre. Al regresar vi muy bonita a mi mama, la miré desde los pies a la cabeza y le expresé mi ternura, lo mucho que la amaba y disfrutaba cada momento con ella. Mi amor era demostrado en cada mirada, le llevaba las mejores frutas y no me importaba si las comía o no, lo más importante era que ella las había recibido.

Le dije a María: yo he amado a esa gran mujer, esa gran dama. Debes dar gracias a Dios por brindarte la gran oportunidad de haber tenido a tu mamá en tu niñez, ella te ha dado los mejores momentos de su juventud y te enseñó a correr para que seas la mejor niña y para estar orgullosa de ti. Sé siempre la mejor de las mejores.

Ésas fueron las historias que compartimos con María. También le comenté a María que si su mamá estaba luchando por la vida, era porque todavía le faltaba tiempo, su tiempo no había terminado; que mantuviera la fe y que yo tenía fe que su mamá todavía no había detenido su reloj de vida, que aún tenía que estar aquí.

Que valorara a su mamá porque, en esta vida, lo que más vale es el valorar a nuestros seres queridos. Porque la vida es como un reloj: lo que pasó no regresa y puedes estar mucho tiempo preguntándote por qué ha sucedido algo así y puedes decirte a ti mismo que no darás un paso más, hasta entender por qué motivo suceden esas cosas si eran tan importantes y se convierten en polvo.

Aun así, María, mantente positiva con esa fe y mira hacia delante, no te quedes mirando hacia atrás; recuerda que nadie es para siempre, ni tú serás para siempre para tus hijos. El pasado no volverá.

No podemos ser eternos porque el reloj de vida va girando igual que la tierra gira todo el tiempo alrededor del sol. La vida es limitada, va dando vueltas y no nos damos cuenta que desde que estamos en el vientre de nuestra madre empieza nuestra vida. Hoy, cuando despierte tu mamá dale las gracias y ve a disfrutarla el tiempo que le queda para estar contigo.

María dijo, ¡gracias Dios, eres grande!. Eres el ser más grande en todas las cosas que deseamos, eres único. Él nunca te abandona, él está allí siempre que desees una respuesta, es el ser de amor y de abundancia. Hoy daré gracias a mi padre celestial por todos estos momentos de alegría que he pasado y lo que voy a disfrutar de aquí en adelante, le daré las gracias por darme esta gran oportunidad.

Capítulo 8

DE ACUERDO CON EL RELOJ DE LA VIDA

Este capítulo está conectado con el anterior

En alguna parte del mundo cada segundo nacen 10 personas y mueren 5 y todos traemos un reloj de la vida. Venimos con un tiempo limitado.

Con sorpresa me di cuenta de que nosotros los humanos pensamos ansiosamente en acumular dinero o en acumular bienes, dejamos de pensar en la salud por pensar ansiosamente en lo material. Pensamos en el futuro olvidando el presente, de tal forma que acabamos por no vivir en el presente, ni considerar el futuro; vivimos como si nunca fuéramos a morir y morimos como si nunca hubiésemos vivido.

Vivas en el presente, en el pasado o en el futuro, no olvides que tu tiempo es el ahora, es el único momento donde te desarrollas. No pases tu vida pensando en el pasado.

Todos experimentamos nuestra vida desde que estamos en el vientre de la madre, es allí donde empieza nuestro reloj de la vida. A medida que pasa el tiempo, el reloj marcha. Nos formamos cada día que pasa. Aprendí que estamos en una rueda de la fortuna; no sabemos cuándo es el último día pero Dios sí sabe cuánto tiempo nos queda.

Llega el anhelado día del nacimiento y nuestros padres nos reciben muy alegremente, pero nuestro reloj avanza, empezamos a caminar y nuestros padres nos llevan de la mano. El reloj de nuestros padres está más avanzado; algunos somos afortunados de conocer a nuestros padres y otros somos desafortunados por no conocerlos.

En mis años de experiencias por trabajar con jóvenes, siempre les recuerdo que aprecien los momentos que tienen con sus padres, porque los padres tienen un reloj más adelantado que el de los hijos. Deben aprovechar cada minuto cuando están con ellos porque ellos tienen el tiempo más corto y no saben por cuánto tiempo estarán.

Tenemos que empezar por apreciar a nuestros padres como cuando estás pasando por un parque lleno de jardines y el jardín tiene diferentes flores. Empieza hoy, no pierdas ni un minuto y verás el mundo claro. Sin pensar en el pasado, da de ti lo mejor que tengas.

Llegamos a los 10 años y empezamos a renegar del pasado, de nuestros padres, de los hermanos, de los vecinos, de los amigos y hasta llegamos a avergonzarnos de nuestros padres y no nos damos cuenta que ese momento no regresará, ese minuto se fue, ya no es posible que lo hagamos regresar.

Llegan nuestros 15 años y ya no somos tan niños, ya somos adolescentes y no aprovechamos nuestro tiempo. Empezamos a despreciar a todo el mundo, incluso a decir que Dios no existe, a dudar de nuestro Creador.

Es aquí donde debemos de aprovechar. A esta edad empezamos a tener nuestros momentos para experimentar, de alguna manera, lo muy equivocada que vivimos la vida, muy rápidamente, sin pensar que nuestro reloj ya está avanzado y pasamos por la fuerte experiencia de enamorarnos y decidimos que ya no necesitamos a nadie.

Pensamos que todo lo sabemos y es allí cuando más necesitamos de un consejo de las personas que vivieron más o bien de los que tienen su reloj más avanzado. Sus sabios consejos son muy importantes pero nuestra ceguera no nos deja mirar más allá de nuestros ojos, o incluso algunos tienen oídos pero su sordera no los deja escuchar; porque padecemos de un mal que todos tenemos: "yo ya lo sé, no me digas nada, yo ya lo sé todo". Nos daremos cuenta de ese desperdicio de tiempo cuando abramos nuestros ojos y destapemos nuestros oídos.

Llegó el tiempo que todos los jóvenes esperan: los 21 años ¡qué hermoso, ya tengo 21 años, ya no me pueden decir nada!. ¡Si mis padres quieren detenerme ya no pueden, yo ya soy libre!. Es imposible que a esa edad entendamos y es cuando más nos espera una difícil situación, porque como no aprovechamos los 15 años y los 20 en aprender muchas cosas que necesitamos (como administrarnos con el dinero, el tiempo y buscar buenas amistades) tenemos que pagar por nuestros errores. No queda otra posibilidad que recordar que no quisiste oír a tus padres o no quisiste mirar tu errores, ya que por tus rebeldías lo sufres ahora porque "todo lo sabías".

Tendré que pagar por mis errores; es más fácil tomar esa decisión que reconocer que me equivoqué porque era muy joven. Luego nos casamos y ¿quién sigue?, pues nuestros hijos siguen equivocándose más que lo que nosotros lo hicimos.

Llegan los 30 años, ya empieza a blanquear mi cabello, ya soy viejo o vieja, ya tengo mis hijos. Y seguimos cometiendo errores, porque no nos damos cuenta que nuestro reloj está avanzando y olvidamos a nuestros hijos como a nuestros padres. Seguimos dedicando nuestro tiempo limitado, tenemos el dinero por patrón, por dinero nomas, porque tengo que pagar mis gastos mensuales.

Si el patrón nos necesita, de noche, de madrugada o durante el día, el tiempo de toda la semana se lo dedicamos a él; porque sentimos que es mejor vender nuestro tiempo por dinero para suplementar todas nuestras deudas. No nos ponemos a pensar que al patrón no le importa que pasará contigo, ni con tus hijos y mucho menos que pasará con tus padres. Olvidamos que el tiempo está pasando para todos.

No recordamos si nuestros hijos necesitan nuestro cariño, un abrazo, mucho menos un beso o compartir un día o una semana de vacaciones toda la familia. Olvidamos que llegará un tiempo que nuestros hijos harán lo mismo, que los errores que cometimos nosotros, ellos también los cometerán.

Nuestros padres se irán para siempre y no los volveremos a ver, porque cuando nuestros padres se hayan ido, será para siempre y no hay duda de ello.

A los 40 años queremos que el tiempo regrese, pero es imposible y empezamos a sentir cómo pasan los días y las noches, muy rápido. ¿Por qué mis hijos no me visitan?, pues, ¿por qué crees?, porque cuando éramos más jóvenes teníamos un reloj que tenía más tiempo y hoy el reloj tiene menos tiempo, porque cada segundo es un mes de vida y ese mes o ese mismo segundo no regresará jamás.

Ya tenemos 50 años, no queda duda, estamos muy solos. Nuestros padres ya no están (o algunos muy afortunados todavía tienen a sus padres) y a mis hijos no los veo por años pero algún día regresarán.

¿Te has puesto a pensar por qué esperamos a nuestros hijos si nosotros dimos el ejemplo?. No llevamos a nuestros hijos donde sus abuelos, ¿cómo queremos que nuestros hijos vengan hacia nosotros con nuestros nietos?, existe la ley del dharma y el karma: lo que tú hagas por los demás, harán ellos por ti.

Tengo 60 años. A esta edad nos lamentamos pero todavía no nos atrevemos hacer algo diferente, a hacer algo que cambie en nuestros hijos, dejar un legado para que ellos no tengan que trabajar para un patrón y puedan dedicar más tiempo a sus propios hijos para nutrirlos espiritualmente. Tenemos que ser nosotros los que cambiemos para que todo sea diferente.

Para que nuestros hijos se atrevan a hacer algo suyo tenemos que hacer algo, atrevernos a dejar a nuestros apreciados hijos libres de un trabajo; no digo que el trabajo sea malo, lo malo es pasar solo metido en el trabajo todo el tiempo, caminando del trabajo a la casa a comer, a dormir y al siguiente día al trabajo. A eso le llamo caminar como un esclavo de los propios errores.

Llegamos a los 70 años porque Dios quiso y continuamos lamentándonos porque nadie nos viene a ver. Ya no se puede hacer nada, ya no tenemos tiempo.

No aprovechamos el reloj de vida que Dios nos ha dado, lo dejamos pasar, dejamos que el reloj corra año tras año y nos quedamos dormidos, ¿por qué dormidos?. Porque no llegó alguien con una varita mágica para que nos despierte y nos diga lo que teníamos que hacer para nuestro futuro o el de nuestros hijos.

Cuando éramos muy jóvenes alguien nos hablaba de oportunidades y le contestábamos: "yo no tengo ese tiempo extra para aprovechar esa clase de oportunidades".

Nos encontrábamos dormidos, ciegos y sordos, no mirábamos hacia delante, solo caminábamos hacia nuestro patrón, hacia el trabajo.

Después de los 80 años pensamos: ¿por qué no hice algo mejor?. Si lo hubiese hecho tal vez mis hijos no estarían metidos en estas obligaciones, tal vez los hubiese dejado libres no esclavos del trabajo.

Me da mucha tristeza mirar a tanta gente corriendo de la casa con sus hijos a la guardería, donde los cuidan durante todo el día sin sus hermanos, mucho más sin sus abuelos, sin poder verlos y obtener ese calor de sus familias. Estas personas llegan a sus trabajos, corren y corren haciendo lo que el patrón quiere que cumpla para darle la pequeña cantidad de dinero, solo para que puedan pagar sus deudas del mes.

Vivimos prisioneros por causa de nuestras decisiones equivocadas. Si te transmito este mensaje, es para que puedas ver el reloj de la vida y aprovechar ese tiempo que Dios te dio para poder hacer esa diferencia que nos merecemos. Porque Dios ya nos dio todo, solo es necesario que vayamos por lo que nos pertenece.

Si Dios quiso que tuvieras hijos, es para que el tiempo lo compartas con ellos, con tus padres y con quien tú quieras disfrutar; porque ese reloj, desde que empieza a girar hacia adelante, no para hasta que termine el tiempo que tienes. El secreto es fijarnos en ese reloj de vida para no distraernos en pequeñeces, porque el reloj de la vida ya tiene el tiempo que le dieron y ese tiempo se termina, ya no hay nada que podamos hacer, solamente concentrarnos en lo espiritual. Simplemente tenemos que aceptar, ese es el proceso siguiente: la aceptación de lo que realmente es. Hay personas que, por sentir rabia hacia alguien o por algo, dejan de ser prósperos.

Vive el momento y disfrútalo en lo más importante: ama a tus seres queridos como si este fuera el único día de tu vida. Aprende a respetar a los demás como queremos que nos respeten a nosotros mismo.

Si una mujer es madre de 20 hijos, a todos los hijos los ama por igual; si esa madre puede dar amor a 20 hijos, nosotros podemos dar amor a muchos más y empezar a querernos nosotros mismos.

Después que terminé de hablar con María, regresé con mi hija de la escuela, le di de comer y mi niña me dijo: mami, quiero dormir, la llevé a la cama y comencé a darle masajes en la espalda y a cantarle. Mi niña se durmió, yo quedé entre dormida y despierta y empecé a soñar con la mamá de María.

En el sueño llegué al hospital y le ayudé para que pudiera sentarla en una silla y así charlar. Estábamos sentadas juntas. Le comenté las dos historias que María y yo habíamos compartido.

De pronto vino hacia nosotras un señor con su bastón que apenas lo sostenía; se acercó y nos preguntó: ¿qué hacen?. Le contesté: aquí, compartiendo unas historias. Y él me dijo: ¡qué bueno!, eso es hermoso, Ingrid.

El señor era muy anciano y sutilmente agregó: Ingrid, has olvidado en tu libro una historia más importante. ¿Cuál historia?, pregunté y él me respondió: la más bonita. ¡Es la historia que será el final del libro!

La historia trata sobre dos niñas que eran muy unidas y siempre querían estar juntas, pero la decisión de la madre era que solo una tenía que salir, porque no tenían suficiente dinero para las dos. Sus nombres eran Anabel y Delmy.

Para que Delmy y Anabel salieran juntas, tenían que comprar zapatos para las dos pero para sus padres era imposible hacerlo. Delmy era la más grande y Anabel la más pequeña; su mamá le había comprado zapatos a Delmy por ser la más grande pero Delmy quería que Anabel la acompañara a todos los lugares que ella visitaba.

Anabel le dijo a Delmy: ¡Quiero ir contigo!, no quiero quedarme aquí esperándote, quiero ir contigo pero no tengo zapatos. Su hermana le contestó: acompáñame, yo también quiero que vengas conmigo a la tienda. Te voy a prestar mis zapatos, el camino es muy caliente y compartiremos los zapatos; yo te doy uno y me quedo con el otro, nos vamos de brinco en brinco hasta llegar a la tienda.

Anabel tenía deseos de conocer la tienda, ella era muy pequeña de edad pero tenía mucho entendimiento, tenía deseos de salir a conocer otros lugares. Soñaba con ver ese otro mundo que imaginaba y aprovechó que su hermana le diera un solo zapato para que, de brinco en brinco, llegaran hasta la tienda, porque la tierra estaba muy caliente y en la calle no había muchas sombras.

Anabel le dijo a su hermana Delmy: un día me voy a ir de esta ciudad; yo no me voy a quedar aquí, quiero muchas cosas y quiero que me ayudes para empezar a hacer negocios, para comprarme unos zapatos. Tú me vas a prestar tus zapatos para ir a vender las cosas que voy a hacer para vender. Delmy le contesto: si, Anabel, yo te los presto.

Así Anabel empezó a vender aguas frías en la ciudad. La gente llegaba de todos los lugares cercanos los viernes, sábados y domingos. Anabel aprovechaba para hacer sus ventas de aguas frías.

Ganaba mucho dinero y compró los zapatos más bonitos que encontró. Así siguió vendiendo hasta poder ayudar a sus padres; desde ese momento sus padres no la detuvieron.

El negocio creció hasta ganar 300 pesos cada fin de semana. Anabel esperaba el fin de semana como un escalón que ella tenía que subir. No era fácil para Anabel, porque era muy pequeña pero el deseo de cambiar su historia y su camino la entusiasmaba; para ella levantarse temprano no era problema, era parte de su sueño.

No perdió su escuela, sus estudios eran lo principal; ella se llenaba de alegría al ir a la escuela. Pero un día su mamá decidió que ella ya no quería que perdiera tiempo estudiando para que pudiese vender más. Le escondió los uniformes y los útiles de clase; pero Anabel no dudó, tomó un uniforme de su hermana mayor, lo acortó y se fue a la escuela.

La mama comprendió que a su hija Anabel no podía cortarle las alas y le entregó nuevamente su uniforme y sus útiles. Anabel tenía sueños, iba a cambiar su camino. Cada día soñaba con un camino lleno de oportunidades, sabía que tenía que prepararse para ese nuevo futuro y estaba segura que nadie lo haría por ella.

Tenía que ser fuerte, tenía que tener coraje, porque era ella la que deseaba un camino diferente; ella quería caminar por ese camino con los mejores zapatos. ¿Qué tenía que hacer?, tenía que empezar a prepararse cada día, aunque a veces llegaba a dudar sobre si lo que había soñado era imposible.

Llegó el día que Anabel se fue de su ciudad a otra. Notó que era un mundo diferente. Con el tiempo se casó, sus sueños los guardó en el closet, tuvo sus hijos e inicio una vida diferente a la que había soñado.

Un día salieron de compras, llevaban el carro más nuevo que pudieron comprar y tenían que manejar en la carretera más trajinada; de pronto un carro color negro los arrebozó y escucharon cuatro golpes. Un grave accidente había ocurrido.

Anabel despertó asombrada y miró hacia los lados; cuando vio hacia atrás, hacia donde estaban los niños, se dio cuenta que su segundo hijo parecía muerto, no respiraba.
Se imaginó sacándose el cinturón de seguridad para llamar a los paramédicos pero, en ese instante, sintió que, aunque su hijo estaba en un estado crítico, quizás podría vivir.

Empezó a hablar con Dios: Padre, perdóname pero estoy dudando de ti ¿por qué a mi hijo?, ¿por qué no a mí, Señor?. Mejor me hubiese pasado a mí, yo ya viví y tuve hijos, él es todavía un niño. ¡No te lo lleves!.

Empezaron a llegar las ambulancias y los paramédicos dijeron: no se sabe si va a vivir el niño. Prepárese mamá, empiece a orar para que todo salga bien, necesitamos su ayuda, cántele a su hijo la canción que a él más le gusta, recuerde que fue lo que hicieron ayer y platique para que el espíritu de él no se aleje de su cuerpo.

Anabel empezó a cantar y a platicar cuando iban rumbo al hospital y el niño emitió un suspiro y le dijo: ¿qué haces?, no llores, no tengo nada, mamá.

Anabel, con mucha alegría, le dijo a Dios: gracias Señor, por darme esta nueva oportunidad de tener a mi hijo. Te prometo que todo lo que yo te había pedido, que me dieras una oportunidad para cambiar mi camino, desde hoy haré lo imposible posible para dar lo mejor de mí, para ayudar a las demás personas.

Anabel había olvidado lo que le había prometido a Dios. Lo había puesto en el closet, pero Dios no quería que sus sueños estuvieran en un closet y desde ese día empezó a desempolvar sus sueños, las metas que ella tenía y comenzó a prepararse.

Era hora de volver a mirar de donde venía. Anabel conocía el dolor de caminar en esos caminos calientes y lo había olvidado, pero recordó que Dios le estaba dando otra oportunidad, era otro regalo de vida.

Y hoy te digo que todas estas historias que comparto es porque, ese día en que recibí el mensaje, me hizo recordar otras historias; porque ese sueño que soné, que estaba sentada con la mamá de María y vino un señor hacia nosotros cuando yo le contaba las dos historias a la mamá de María, ese Señor, era un señor con una cara muy linda, con una sonrisa amable y me dijo que estaba olvidando una hermosa historia que sería el final del libro que estaba escribiendo.

La cara del señor era la cara de Dios, con una edad de 80 años, con una barbilla que le llegaba hasta el pecho; era la cara de Dios con su sonrisa de Dios. Pero, al darse vuelta, era la espalda de mi padre: Tomás Benítez.

EL MENSAJE EN ESTE LIBRO ES QUE MIREMOS EL POTENCIAL QUE POSEEMOS PARA CONSTRUIR UN MEJOR FUTURO.

Podemos preparar el camino para un mejor futuro, nosotros somos los pintores de nuestro porvenir, los hacedores, los arquitectos de nuestra vida misma, de nuestro futuro. Como obremos y pensemos serán los resultados que obtendremos.

Somos los que dibujamos ese cuadro y dentro de ese cuadro estamos. Empezamos a pintar desde cero, porque ese cuadro está en blanco y lo que pintemos en él será nuestra vida.

Decía la madre Teresa de Calcuta "Me desespera llegar a la india y oír a la gente que está con lepra, llena de llagas y tirados en el suelo; les pregunto: ¿Por qué no te levantas?. Y responden: no, es el karma, ya es mi destino, nací predestinado."

Es decir que nosotros somos los que elegimos dónde queremos estar. Lo que hoy tienes es el resultado de las decisiones que tomaste anteriormente.

Aprende a mirar las cosas como cuando éramos niños, todo lo mirábamos con alegría, la vida era mágica y emocionante, nos imaginábamos un mundo lleno de prosperidad, jugábamos hasta con las piedras. Crecimos soñando con esa navidad llena de regalos. Y si llegaba la navidad y no había regalos, no te ponías triste, soñabas con la siguiente Mágica Navidad, sabías que vendría otra y esa iba a estar con más obsequios. No sabias de tristezas, de algún modo lo lograbas y nunca te decepcionaste.

Busquemos lo que nos pertenece, ya que Dios nos dio un mundo lleno de abundancia para que no estuviéramos pensando en la miseria. Recordemos que en las Sagradas Escrituras, en San Mateo, consta una frase que ha sido mal interpretada y confundida por muchas personas a lo largo de los siglos:

"Porque a cualquiera que tiene, se le dará y tendrá más, pero al que no tiene, aun lo que tiene le será quitado". (Mt 13,12)

Desde hoy sé que vivimos en un mundo lleno de oportunidades y lo lograremos poniendo nuestro esfuerzo y pensando en un futuro libre que Dios quiere para cada uno de nosotros
Por qué tú estás destinado a tener ÉXITO.

Dedicar Tiempo

Dedicar tiempo a alguien que lo está necesitando, te hará sentir más humano y generoso. Necesitas tan solo un corto espacio de tu existencia disponible para brindar una sonrisa que otorgue paz, esperanza, igualdad y libertad.

Preparando el Camino para un Nuevo Futuro.

"No debes sentirte solo. No temas, no te sientas triste porque no te abandonaré. Caminaremos juntos bajo el resplandor de la luna. No sientas miedo en la oscuridad, aquí tienes a un amigo que nunca te abandonará."
Ingrid

INGRID BENITEZ

INGRID BENITEZ

INGRID BENITEZ

www.ingramcontent.com/pod-product-compliance
Lightning Source LLC
Chambersburg PA
CBHW050404290526
45786CB00003B/1128